LINDA MARTIN

Ausnahmezustand Gehirnblutung

Wie ich durch glückliche Fügungen überlebte

Bibliografische Information der Deutschen Nationalbibliothek:

Die Deutsche Nationalbibliothek verzeichnet diese Publikation in der Deutschen Nationalbibliografie; detaillierte bibliografische Daten sind im Internet über http://dnb.dnb.de abrufbar.

© 2016 Linda Martin
Alle Rechte vorbehalten. All rights reserved

Herstellung und Verlag: BoD – Books on Demand, Norderstedt
ISBN: 978-3-741-26651-5

Foto Deckblatt: Dr. Ferraz-Leite, Linda Martin

Das Werk, einschließlich seiner Teile, ist urheberrechtlich geschützt. Jede Verwertung ist ohne Zustimmung des Verlages und des Autors unzulässig. Dies gilt insbesondere für die elektronische oder sonstige Vervielfältigung, Übersetzung, Verbreitung und öffentliche Zugänglichmachung-

INHALTSVERZEICHNIS

Vorwort 7
Erinnerungen meiner Schwester... 9
Erinnerungen des Arztes Dr. Ferraz-Leite 17
1)   8. August 2006 / Tag der Gehirnblutung................. 37
2)   August und September 2006 39
3)   Oktober 2006 42
   a)   An der Hand von Schwestern............................. 42
   b)   Physiotherapie bei Herrn Karrer 43
   c)   Frau mit Darmvirus 45
4)   November und Dezember 2006............................. 47
   a)   Angst 47
   b)   Die Frau, die lang fernsah 47
   c)   Therapien.. 49
5)   Jänner 2007.. 51
   a)   Zweite Kopfoperation 51
   b)   Kennenlernen von Dr. Ferraz-Leite 55
6)   Ab Februar 2007 zu Hause............................... 56
   a)   Fotofamilie 56
   b)   In der Ambulanz bei Dr. Ferraz-Leite................... 58
   c)   Herr Gogitsch hat einen Job für mich 60
7)   Schlussgedanken 64
Autorin: 68

Vorwort

Die Gehirnblutung war ein einschneidendes Erlebnis. Mein Leben änderte sich gewaltig. Es ist mir ein Bedürfnis darüber zu schreiben. Ich möchte berichten, wie es mir erging, ob im Krankenhaus oder auf Rehabilitation.

Danken möchte ich meiner Familie, die mich täglich im Spital besuchte und für mich da war. Meine Schwester und ihr Lebenspartner fanden mich regungslos auf dem Bett liegen und riefen sofort die Rettung. Vielen Dank. Dr. Ferraz-Leite wollte nicht aufgeben und tat alles, um mir das Leben zu retten. Ein riesengroßes Dankeschön. Es gab viele Therapeuten, die sich ausgesprochen gut um mich kümmerten. Danke. Ich hatte oft Besuch. Alle meine Freunde kamen zu mir ins Spital. Das freute mich wirklich.

8

Erinnerungen meiner Schwester

Die Gehirnblutung meiner Schwester, diese extrem schwere Zeit, werde ich wohl nie vergessen.

Am Montag, 8. Aug. 2006 läutete in der Nacht das Telefon. Es war 0h30, daher lag ich schon im Bett und war nicht gleich beim Telefon. Es war die Stimme meiner Schwester, die ganz leise aufs Band sprach „Seid ihr vielleicht noch wach?" Dann war es aus. Ich rief sofort zurück und ahnte, dass irgendetwas nicht stimmen konnte, sonst würde Linda* (*Name wurde von der Redaktion geändert) nicht so spät anrufen. Sie hob aber nicht ab. Ich befürchtete Schlimmes und lief mit meinem Lebensgefährten in Lindas Wohnung, die gleich bei uns im Gebäude, nur auf einer anderen Stiege, war. Als ich aufsperrte, war alles dunkel. Linda lag regungslos auf dem Bett, das Telefon neben sich. Zuerst dachte ich an einen epileptischen Anfall, aber es musste etwas Schlimmeres sein, da sie sich nicht regte. Es war furchtbar, sie so liegen zu sehen.

Wir riefen die Rettung und sie kam Gott sei Dank ziemlich schnell. In totaler Aufregung und Anspannung fiel mir ein, es könnte eine Gehirnblutung sein. (Wir wussten ja seit kurzem von Lindas missgebildetem Gefäß im Gehirn.)

In einer Wiener Klinik wurde Linda erklärt, dass es bei einer vorsorglichen Operation, zu erheblichen Folgeschäden kommen kann. Wegen diesem hohen Risiko wurde sie nicht operiert.

Mit Verdacht auf Gehirnblutung wurde Linda dann ins AKH Wien gebracht.

Im AKH wurde uns nach einiger Zeit gesagt, dass sie operiert wird, die Chancen aber nicht sehr gut stehen und es sein kann, dass sie nicht überlebt. Wir sollten uns verabschieden…..

Mein Partner und ich sahen Linda zum letzten Mal (vor der OP) und wussten nicht, ob wir sie wieder sehen würden….

Etwas später, ich wollte es noch hinauszögern, als es dann ca. 5h morgens war, rief ich meine Mutter an und sie eilte auch sofort ins Spital.

Das lange Warten während der Operation war furchtbar, nach ca. 13 Std. OP wurde Linda auf die Intensivstation gebracht. Und der Arzt, der sie operierte, sagte uns, dass er sein Möglichstes getan hat, die nächsten drei Wochen aber kritisch sind und Linda in den nächsten drei Wochen auch noch sterben könnte.

Wir waren natürlich jeden Tag auf der Intensivstation, ich war die ganze Zeit hindurch extrem angespannt und aufgeregt, dass Linda es vielleicht nicht schaffen würde, dass sich ihr Zustand verschlechtert hat oder dass sie vielleicht schon gestorben ist, wenn wir ins AKH kommen.

Alle Gedanken kreisten nur darum, ob Linda überleben würde.

Linda war an vielen Schläuchen und Geräten angehängt, sie war im künstlichen Tiefschlaf, wurde künstlich beatmet und sie hatte eine Sonde vorne im Hirn stecken, damit der Hirndruck gemessen/beobachtet werden konnte. Ein Teil des Schädelknochens, ca. in der Größe einer Handfläche, war entfernt, damit der Druck entweichen konnte.

Sie lag hilflos da und es war furchtbar, ihr nicht helfen zu können.

Linda bekam dann auch noch eine Lungenentzündung und die Sorgen und Ängste wurden noch größer.

Nach endlosen drei Wochen wurde uns dann mitgeteilt, dass die Chancen gut stehen, dass Linda überleben wird, die eventuellen Folgeschäden waren aber noch ungewiss.

Die künstliche Beatmung wich wieder ihrer eigenen, alleinigen Atmung, und sie erwachte ganz langsam aus dem künstlichen Tiefschlaf. Nach etlichen Tagen öffnete sie dann endlich die Augen, aber meist nur für kurze Momente, nahm nicht viel wahr.

Von dieser schwierigen Zeit weiß Linda Gott sei Dank nichts. Erst als es ihr wieder etwas besser ging, sie wieder klarere Gedanken hatte, nahm sie es wahr.

Linda musste alles wieder neu lernen. Nach dieser schweren Kopfoperation und fast einem Monat Tiefschlaf, waren Körper und Geist auf null. Sie wusste nicht, wer sie war, wer wir waren, wie wir hießen und sie war sehr verwirrt, hatte sogar Halluzinationen.

Mit der Zeit konnte sie wieder Finger, Hände und Beine etwas bewegen, Sitzen war ein Kraftakt, sie hatte keine Nackenmuskulatur mehr, konnte den Kopf nicht halten. Wenn sie in den Rollstuhl gesetzt wurde, hing ihr Kopf hinunter, sie hatte die Augen geschlossen und sprach nicht. Ich hatte große Angst, dass sie vielleicht behindert sein könnte. Aber die Ärzte teilten uns mit, dass sie sehr großes Glück hatte und nicht behindert ist, aber dass es ähnlich wie bei einem Computer sein würde, der abgestürzt ist und alle Programme wieder neu aufgeladen werden müssen ….

Es war ein langer Weg. Nach ca. einem Monat Intensivstation im AKH wurde Linda ins Spital auf die Überwachungsstation am Rosenhügel überstellt.

Gerade zu dieser Zeit musste ich beruflich für fünf Tage weg, es war sehr schwierig für mich, Linda jetzt nicht täglich besuchen zu können.

Als ich nach einigen Tagen wieder in Wien war, sah ich sie zum ersten Mal auf einem Sessel sitzen - und sie hatte die Augen geöffnet! War das ein Glücksgefühl!

Linda war zwar noch sehr verwirrt, sprach nicht viel und wenn, dann waren es auch diffuse Dinge, aber die Hoffnung wurde immer größer, dass alles wieder gut werden würde.

Inzwischen war die Hirnschwellung zurückgegangen und da ein Teil des Schädelknochens fehlte, war eine Seite eingefallen, es gab eine große Delle. Dieser Teil war zwar hart, aber darunter lag gleich das Gehirn. Daher war es gefährlich, daran zu stoßen oder mit einem spitzen Gegenstand in die Nähe zu kommen.

In den nächsten Wochen lernte Linda wieder stehen und gehen, war aber noch sehr schwach und unsicher bzw. hatte Gleichgewichtsstörungen, daher durfte sie sich nicht alleine fortbewegen.

Sie wurde sogar beim Tisch sitzend angebunden, damit sie nicht alleine aufstehen kann und in der Nacht wurde ein Gitter am Bett hochgeklappt.

Sie tat mir furchtbar leid, dass sie so eingeschränkt wurde, aber es war wichtig, damit sie nicht hinfällt, sich nicht am Kopf verletzen kann, denn das hätte furchtbare Folgen haben können…

Als sie dann im Rehab-Zentrum war, lernte sie wieder viel dazu und es ging weiter bergauf.

Nach ca. einem halben Jahr wurde Linda der Schädelknochen wieder eingesetzt, zum zweiten Mal wurden ihr die Haare abrasiert, aber die Glatze machte ihr nichts aus.

Als die Schädeldecke wieder komplett war, wurde ihr Gleichgewichtssinn besser und sie wurde immer mehr wieder „sie selbst".

Sie machte immer mehr Fortschritte und kehrte zurück ins Leben ….

Diese schwere Zeit war ein „Ausnahmezustand" für mich, der wieder einmal zeigt, was wirklich wichtig ist im Leben und was nicht ……

Linda musste vieles wieder neu lernen, aber sie hat die Zeit mit viel positiver Kraft geschafft

und hat nun „ihr neues Leben".

Ich glaube, es war ein Wunder. Ein Wunder, dass Linda Sekunden bevor sie ins Koma gefallen war, mich noch anrufen konnte.

Ein Wunder, dass gerade in dieser Nacht dieser unglaublich tolle Arzt, Dr. Ferraz-Leite, Dienst hatte und als einziger Arzt nicht aufgeben wollte und Linda 13 Std. lang so fabelhaft operierte.

Wir alle sind sehr dankbar für dieses Wunder.

16

Erinnerungen des Arztes Dr. Ferraz-Leite

Am Samstag, den 6. und Sonntag, den 7. August 2006 hatte ich Wochenenddienst als Oberarzt an der Universitätsklinik für Neurochirurgie des Allgemeinen Krankenhauses Wien. Zusammen mit mir waren eine junge Neurochirurgin, Frau Dr. Reinprecht, und eine Allgemeinmedizinerin im Dienst.

Am Samstag in der Früh übernahmen wir den Dienst und hörten die Neuigkeiten der vorigen Dienstmannschaft. Wir machten eine gründliche Visite, wo wir die 64 stationären Patienten der Klinik (inklusive der zehn Patienten der Intensivtherapiestation) besuchten, untersuchten und ihre Behandlungen adjustierten.

Man bekommt immer am Samstag unzählige Konsultationen von auswärtigen Spitälern, die mit Patienten und Patientinnen mit neurochirurgischen Problemen konfrontiert sind, und meistens versuchen sie ihre Patienten zu transferieren. Man kämpft immer mit dem Bettenmangel und das erfordert genaue Auswertungen, um richtige Entscheidungen zu treffen, sodass die Patienten optimal versorgt werden.

Nachmittags führten wir einige Operationen durch. Zuerst operierte ich eine Patientin mit starken Schmerzen wegen eines lumbalen Bandscheibenvorfallrezidivs und anschließend assistierte ich Frau Dr. Reinprecht bei der Operation einer 75-jährigen Patientin, die eine intrakranielle Blutung hatte. Die Blutung war im Kleinhirn und erforderte zuerst eine Ventrikeldrainage, um die Liquorkammern mit zu entlasten. Und dann die Blutung des Kleinhirns zu entleeren.

Spät am Abend waren wir mit den Operationen fertig und zufrieden mit dem erfolgreichen Verlauf unserer Arbeit. Wir führten die Abendvisite durch und gingen um Mitternacht ins Bett.

Nachtschlaf ist für Neurochirurgen im Dienst selten möglich. Es wird oft die ganze Nacht durchgearbeitet, Patienten angeschaut, Fragen der Kollegen oder des Pflegepersonals beantwortet. Die persönlichen Pager läuten immer wieder, und man muss immer wach und konzentriert sein, um sie zu beantworten.

Am Sonntag war es eher ruhig und wir konnten die verschiedenen Visiten und Kontrollen ohne großen Stress machen. Man rief mich ca. drei Uhr in der Früh des Montags mit der Nachricht über die Aufnahme an der Notfallklinik einer 42-jährigen Patientin mit einer schweren intrakraniellen Blutung. Ich wurde informiert, dass sie in einem schlechten klinischen Zustand wäre, da sie bewusstlos, in tiefem Koma, und mit dilatierten und nicht mehr reagierenden Pupillen gefunden worden wäre. Eine neurochirurgische Behandlung erschien den Kollegen und Kolleginnen der Notfallaufnahme höchstwahrscheinlich nicht mehr sinnvoll!

Ich lief trotzdem zur Notfallklinik, da ich bei dem Zustand und der Operabilität eines Patienten, nur meinen eigenen Untersuchungen und Kriterien vertraue.

Eine Computertomographieuntersuchung ihres Hirns und Schädels war gerade im Laufen als ich ankam. Das CT-Gerät befindet sich in der gleichen Ebene und nicht weit weg von der Notfallklinik. Der Dienstoberarzt hat die Patientin dorthin begleitet. Sie hatte einen Tubus in die Trachea bekommen und wurde künstlich beatmet. Ich hörte die sparsamen Informationen über die Krankengeschichte der Patientin, und gleichzeitig sah ich die Bilder, die die CT-Schirme lieferten.

Die Informationen kamen schrittweise von der Mutter, dem Gatten und ihrer Schwester. Linda wäre eine Volksschullehrerin. Es war bekannt, dass sie eine Gefäßmissbildung im Gehirn hat, da sie vor 25 Jahren eine Hirnblutung erlitten hatte und diese Diagnose als Ursache gestellt wurde. Anscheinend war die Blutung damals nicht so schwer, da sie nur mit einer Epilepsie, ohne andere Behinderungen blieb und Linda weiter arbeiten konnte. Sie wäre immer unter Kontrolle in einer anderen neurochirurgischen Klinik in Wien gewesen. Die Bilder zeigten eine intrazerebrale Blutung und eine große arteriovenöse Missbildung (AVM), (Blutschwamm in der Umgangssprache) in dem hinteren Teil der rechten Seite des Gehirns. Die Blutung hatte die Hirnfläche durchbrochen und sich zwischen Hirn und Schädelknochen akkumuliert (subdurales Hämatom). Dadurch war das Hirn extrem gedrückt und nach links verschoben. Die Mittellinie des Gehirns war mindestens um einen Zentimeter verlegt.

Unser Schädel ist eine ziemlich geschlossene harte Schachtel mit einem konstanten Innenvolumen. Änderungen des Volumens resultieren in einer Änderung des intrakraniellen Drucks und unser Hirn toleriert nur kleine Schwankungen. Eine plötzliche Blutung addiert ein neues Volumen und das resultiert in einer Steigerung des intrakraniellen Drucks. Die Hirnstrukturen werden gedrückt und verschoben; ihre Durchblutung wird gestört und eine Kette von Schädigungen setzt sich in Gang. In solchen Fällen, wie bei Linda, führt das zum Tod.

Also, eine akute extrem lebensbedrohliche Situation, die eine rasche Handlung verlangte.

Beidseitig dilatierte Pupille, die keine Reaktion auf Licht zeigen ist ein Hinweis auf Hirntod. Das hatte Linda, als sie von einem Notarzt mit der Rettung von zu Hause abgeholt worden war. Aber nach den Reanimationsmaßnahmen der Notfallklinik des AKH, hatte die Pupille des linken Auges sich etwas verkleinert und eine fragliche Reaktion auf Licht gezeigt.

Dieses kleine Zeichen ermutigte mich! Eine kleine Überlebenshoffnung war vorhanden!

Aber um Linda zu operieren, brauchten wir Informationen über ihre Gefäßmissbildung. Wo waren die erkrankten Arterien und Venen? Woher wurde ihre Missbildung gefüttert?

Es ist nicht nur darum gegangen die Blutung zu entleeren, sondern auch ihre Ursache unter Kontrolle zu bringen. Am besten das Angiom komplett ausschalten!

Es gab aber keine Zeit für eine Untersuchung wie eine Angiographie oder eine MRT oder MRTA (Magnetresonanz Tomographie Angiographie), gerade um drei Uhr in der Früh! So verlangte ich Kontrastmittel zu applizieren und eine so gut wie mögliche Darstellung der Hirngefäße im CT zu erreichen. Heutzutage haben wir bessere Computertomographie-Angiographie Möglichkeiten und es wäre alles leichter und schneller gegangen!

Mit suboptimalen Informationen waren wir sofort unterwegs mit der Patientin in Richtung Operationssaal der Neurochirurgie. Ich musste aber hören, als ein Kollege sagte „…sie wollen wieder eine tote Frau operieren!"

Ich bin (leider) einige Male in solchen Situationen gelaufen. Sogar ich persönlich habe das Bett geschleppt, da keine Zeit war, auf das Transportpersonal zu warten. Mir war bewusst, dass die Überlebenschancen bei dieser Patientin minimal waren. Auf der anderen Seite erinnerte ich mich an einige Patienten, wo ich mich nur an ein kleines Indiz von Lebenshoffnung klammerte und die Patienten retten konnte.

In dieser Nacht war ein Team von großartigen Ärzten und Operationssaalpersonals im Dienst. Die technische Ausstattung unserer Operationssäle war optimal. Wenn wir im Dienst so eine Konstellation hatten, war ich sicher, dass kein anderes Team auf der Welt es besser machen konnte als wir.

Dazu waren wir so schnell unterwegs, da wir oft, zwischen Eintreten der Patienten im Operationssaal und ihren Schädel offen zu haben, nicht mehr als fünf Minuten brauchten! Das veranlasste nicht nur, die optimalen Bedingungen für die Anästhesisten zu gewährleisten, sondern auch die Patienten optimal zu lagern, den Kopf zu rasieren, desinfizieren, mit sterilen Tüchern abdecken, Hautschnitt einsetzen, bohren und mit einem Kraniotom die Öffnung des knöchernen Schädels ohne Schädigung des darunter liegenden Gewebes zu machen, und endlich die Dura mater, eine dicke Schichte, die unser Hirn deckt, zu öffnen.

Erst jetzt ist der Kopf aufgemacht und der erhöhte intrakranielle Druck entlastet!

Also, während das Team die Patientin vorbereitete, kleidete ich mich um lief zum Waschraum. Während des chirurgischen Waschens betete ich in meinen Gedanken um die Hilfe Gottes. Ich bin ein gläubiger Chirurg, und ich habe nie in meinem Leben einen Menschen operiert ohne zuerst ein Gebet zu sprechen. Ich bete für die Patientin, für das Team, für unser Arbeitsziel. Das Beten war oft ein Thema mit meinen Kollegen, meiner Familie und meinen Freunden, und ich habe alle möglichen Meinungen darüber gehört. Autosuggestion, Unsicherheit, Wirkung der Rituale, etc., etc.

Das Leben anderer Menschen in eigenen Händen zu haben, ist mir immer eine übermäßige Verantwortung. Obwohl ich mir meiner chirurgischen Fähigkeiten sicher bin, weiß ich auch, dass nicht alles unter meiner Kontrolle ist. Also, keine Zeit für religiöse Überlegungen! Ich komme in Aktion mit meinem besten Wissen, chirurgischen Fähigkeiten und Glauben um Gottes Hilfe!

Linda war schon am ganzen Kopf rasiert und wurde in optimaler Position gelagert. Das heißt hier: linke Halbseitenlagerung. Die Fixierung des Kopfes wurde mit einer gewöhnlichen mechanischen Einrichtung, die drei spitze Halter hat, und die durch die Haut in den Schädelknochen eindringen. Die Kopfhaut wurde desinfiziert und steril abgedeckt. Der Operationsbereich bleibt als einziges Gebiet sichtbar.

Irgendwann wurde auch in der Zwischenzeit das Operationsmikroskop vorbereitet und steril abgedeckt.

Halbkreisförmige Hautschnitte über die zwei hinteren Drittel der rechten Seite des Kopfes wurden gemacht, die Abschiebung eines großen Hautlappens wurde veranlasst, das Bohrloch und ein großer Knochendeckel wurde geschnitten und abgehoben (das heißt temporo-parieto-occipitale Kraniotomie). Ich veranlasse, den abgehobenen Knochendeckel einzufrieren, um im Fall, dass die Patientin überlebt, ihn in einer späteren Operation zu implantieren (einzusetzen).

Als wir den Knochendeckel abgehoben haben, sahen wir, dass die Dura mater (die harte Schichte, die unsere Hirne deckt) extrem gespannt war. Als wir sie aufmachten, eine Ansammlung von dunklerem Blut und große Gerinnsel entleerten sich unter massivem Druck. Diese Entlastung des Drucks war das wichtigste um Lindas Hirn auf einen Weg der möglichen Besserung zu bringen!

Die Zeit wurde nicht gemessen aber alle diese präzisen Manöver dauerten sicher nicht länger als zehn Minuten! Das ist der Stolz unseres Teams!

Und was für ein Team! Angefangen mit dem effizienten Operationsgehilfen, der, wie die meisten seiner Kollegen, gut auf eine geregelte und schnelle Vorbereitung der Patientin, sowie Geräte für Operationen trainiert ist. Ich habe oft gesehen, wie unsere ausländischen Gäste manchmal von ihrer Leistung, mehr beeindruckt sind, als von der Technik der Chirurgen.

Der Oberarzt der Anästhesisten war Herr Prof. Dr. Wolfgang Schramm, der mein volles Vertrauen hat. Wenn ich einmal selbst eine Narkose brauche, würde ich mir wünschen, einen Anästhesisten mit seinem Wissen und seiner Erfahrung zu haben. Kein anderer kann so zart mit einem narkotisierten Patienten umgehen!

Frau Professor Dr. Dorothea Andel, eine anerkannte gute Technikerin war seine Kollegin im Dienst und diese beiden haben alle Schwierigkeiten der elfstündigen Operation überwunden.

Frau Prof. Dr. Andrea Reinprecht war meine Assistentin. Sie ist eine ruhige hochqualifizierte Neurochirurgin und war immer der Ruhepol in jedem Team. Ich brauchte mich nicht fürchten, um die unterschiedliche Konzentrationsfähigkeit, die einige Neurochirurgen bei langen Operationen haben. Leute die kein hohes Konzentrationsniveau bei der Arbeit halten können, habe ich immer als zusätzliche Gefahr und als Stress empfunden! Dr. Reinprecht ist bei der Arbeit immer geistig anwesend!

Die Instrumentisten sind zusätzliche Hände für die Chirurgen. An der Neurochirurgie im AKH gibt es einige, bei denen streckt man die Hand aus und das richtige Instrument ist schon da. Sie wissen ganz genau was gebraucht wird.

Gerade bei dieser Operation haben zwei brillante Techniker mitgewirkt. Der superleistungsfähige Operationspfleger Martin Rauchberger, den ich seit seinem Anfang an der Neurochirurgie kenne, seinen eigenen Vater operiert habe, und als Freund betrachte.

Dazu die Schwester Sabine Radda, eine kleine zarte intelligente erfahrene Instrumentistin, die immer perfekt ihre Arbeit geleistet hat. Lange Jahre habe ich mit ihr gearbeitet und immer ein Zeuge ihrer Effizienz sein können. Man hatte immer das Gefühl, dass sie ihre Arbeit genoss. Für die jungen Chirurgen hatte sie immer die richtigen Vorschläge.

Ich sage das alles, weil ich oft erlebe, dass die Patienten (und vielleicht auch Linda) glauben, dass der rettende Arzt der Held in ihrem Leben ist. Ich habe mich immer als einen Teil des Teams gefühlt. Ich weiß, dass ich bei vielen Erfolgen einen großen Anteil dazu beigetragen habe. Aber gerade bei einer schwierigen Operation, wie bei Linda, ist das Überleben allen zu verdanken. Ebenso die Ärzte und das Pflegepersonal der Intensivstation der Neurochirurgischen Universitätsklinik, die in den folgenden Wochen nach der Operation, gegen mehrere Komplikationen erfolgreich gekämpft haben.

Also, mit so einem Operationsteam hatte man das Gefühl, dass kein anderes Team eine bessere Chirurgie anbieten konnte!

Die Blutung war entleert, der intrakranielle Druck war entlastet. Ab diesem Moment, sollten wir die Ursache der Blutung ausschalten! Das heißt, die arteriovenöse Missbildung exstirpieren. Sonst wäre es möglich, dass Linda noch andere Blutungen erleben konnte.

Aber die chirurgische Exstirpation eines Hirnangioms ist eine große Herausforderung, die normalerweise, anhand der ausführlichen Informationen von Untersuchungen wie Angiographien und MRI-Angiographien geplant wird. Diese Informationsquellen hatten wir nicht und die Angiomstruktur und -Dynamik konnten wir nur teilweise erahnen. Solche Operationen werden am besten während des Tages und von einem gut ausgerasteten Team, mit alle möglichen technischen intraoperativen Kontrollen durchgeführt. Und trotzdem habe ich selbst erlebt, wie auch in den Händen von erfahrenen Neurochirurgen so eine Operation, wegen Einblutung, Infarkten und Schwellungen, schief gehen kann.

Also hier hatten wir ein erfahrenes, aber nicht geschontes Team, die ein Angiom, aus einem, durch die Blutung beschädigtem Gehirn, um drei Uhr in der Früh, entfernen musste. Das Leben von Linda war von unserer erfolgreichen Arbeit abhängig!

An ihrer Hirnfläche sahen wir dicke Gefäße, die wie Varizen (Krampfadern) ausschauten. Sie erschienen mir sehr fragil (verletzbar, sehr leicht kaputt werdend) zu sein. Das waren die venösen Komponenten des Angioms, die das Blut heraus drainierten. Aber die Differenzierung zwischen Arterien und Venen ist bei solchen Missbildungen eine Herausforderung, da die Gestalt dieser Gefäße komplett abnorm ist. Wir wussten, dass die blutzuführenden Gefäße von drei tief im Hirn liegenden Arterien kamen. Ein Teil von der Arterie cerebri media, ein Teil von der Arterie cerebri posterior und ein kleinerer Anteil von Arterien der Mittellinie, vermutlich Äste der Arterie cerebri anterior. Diese Arterien haben ein großes Konglomerat von verformten Gefäßen versorgt (Nidus, Nest). Man musste zuerst diese zuführenden Arterien erkennen und so nah wie möglich an „Nidus" verschließen. Aber sie waren in der Tiefe des Gehirns und dorthin sollten wir zuerst kommen! Das war die mühevollste Arbeit bei Linda. Wir arbeiteten unter dem Operationsmikroskop, die eine Vergrößerung des Arbeitsfeldes bis zu 40 Male schaffte. Die mikrochirurgische Technik erfordert die Verwendung von extrem kleinen und langen Instrumenten, sowie langsamen und präzisen Bewegungen. So konnten wir mühevoll und zielgerichtet, um das Angiom herum, den Weg präparieren und die zuführenden Arterien erreichen. Eine nach der anderen wurden mit Tantalklemmen definitiv verschlossen (Das Tantal ist ein nicht ferromagnetisches Metall und erlaubt später, ohne Gefahr, die Patienten in den Magnetfeldern der MRT zu bringen, um weitere Untersuchungen durchzuführen.)

Wir verschlossen mehrere zuführende Arterien, so wurde die Manipulation der Missbildung leichter, und es bestand weniger Gefahr für eine Blutung. Das Angiom wurde dunkler und ihr Druck und ihre Größe verringerten sich.

Wir erhielten die drainierenden Venen bis in die letzten Stadien der Resektion. Wenn wir mit dem Verschluss der Venen angefangen hätten, wäre der Blutdruck drinnen im Angiom gestiegen, die abnormen Gefäße wären geplatzt und hätten eine schwere und eventuell nicht mehr beherrschbare Blutung verursacht.

So konnten wir mühevoll und nach stundenlanger Arbeit das Angiom vom Rest der Blutzirkulation isolieren und es, so wie einen Tumor, entfernen. Und das, ohne zusätzliche Beschädigungen von Lindas Gehirn! Das ist für das chirurgische Team immer ein erfreulicher Moment: das Entfernen von etwas, das nicht mehr in den Körper eines Patienten gehört (sei es ein Tumor, ein Angiom, ein Fremdkörper, ein Zahn oder sogar ein Kind). Und das ohne weiteren Schaden zu addieren! Und obwohl wir nicht genau wussten, dass damit das Leben von Linda sicher gerettet wäre, oder, dass sie ein unbeschwertes Überleben haben konnte, hatten wir die Erleichterung, dass wenigstens diese wichtige Schlacht schon gewonnen wäre!

Also Rückzug!

Lindas Gehirn pulsierte schön. Wir deckten die verletzte Hirnfläche mit schützenden und homöostatischen Materialien ab. Wir verschlossen die Dura mater, die auch mit einer schützenden Schichte gedeckt wurde. Der Knochendeckel, wie gesagt, wurde nicht reponiert sondern im Gefrierschrank für eine zukünftige Reposition, gelassen. Wir ließen eine Drainage und die verschieden Schichten bis zur Haut wurden verschlossen. Endlich konnten wir die Patientin von der fixierten Lagerung befreien. Sie kam auf die Intensivtherapiestation, die der Stolz der Neurochirurgischen Universitätsklinik ist.

Eine unmittelbare Computertomographie zeigte einen Rückgang der Hirnschwellung, sowie der Verschiebung der Mittellinienstrukturen. All das waren gute Zeichen der Erholung.

Zwei Tage nach der Operation wurde eine Untersuchung der Hirngefäße, eine zerebrale Panangiographie, durchgeführt. Damit wird sogar die Dynamik der Hirndurchblutung studiert. Das hätten wir gut vor der Operation gebraucht! Aber damals liefen wir gegen den Tod, und wir sollten gewinnen. Diese Studie zeigte keine Spur eines Restangioms. Es zeigten sich insgesamt reguläre Gefäßverhältnisse.

In der ersten Woche auf der der Intensivstation entwickelte Linda eine Pneumonie (Lungenentzündung), wahrscheinlich in Verbindung mit der Aspiration (Verschlucken beim Erbrechen), die sie im Koma und allein zu Hause erlitt. Die Behandlung war erfolgreich und sie erholte sich schnell. Neun Tage nach der Operation konnte sie ihre Augen aufmachen und Aufforderungen folgen. Sie hatte am Anfang eine depressive Stimmung. Am zwölften postoperativen Tag konnte der Tubus von ihrem Luftweg entfernt werden und ihr Zustand besserte sich weiter. Sie hatte aber eine Gesichtsfeldeinschränkung auf der linken Seite.

Linda lag 28 Tage an der berühmten Intensivstation bevor sie an die zweite Neurologische Abteilung vom Krankenhaus Rosenhügel transferiert worden ist. Dort wurde sie sehr effektiv rehabilitiert.

Fünf Monate nach der ersten Operation wurde der Knochendeckel implantiert (wieder eingesetzt). Die weiteren Kontrollen waren immer zufriedenstellend.

Linda entwickelte sich weiter, wie eine sehr produktive Künstlerin und ist sehr sozial engagiert. Sie pflegt liebevoll ihre familiären und freundschaftlichen Beziehungen. Sie tanzt, sie malt und spielt Theater für Kinder.

Sie schreibt erfolgreich Kinderbücher und ist für ihre Lieben eine große Unterstützung.

Ich habe das Glück, durch die Ausübung meines Berufes, einen positiven Einfluss auf das Leben mehrerer meiner Patienten zu haben und sie als treue Freunde zu gewinnen. Dafür fühle ich mich dankbar.

Anhang

Zerebrale Arteriovenöse Missbildung (AVM) oder Angiom

Eine zerebrale arteriovenöse Missbildung (AVM) oder zerebrales Angiom ist eine entwicklungsbedingte und/oder angeborene **Fehlbildung der Hirngefäße**, wo die Hirnarterien direkt (d. h. ohne Kapillaren), mit den Hirnvenen verbunden sind. Die Fließgeschwindigkeit des Blutes ist dadurch deutlich erhöht und die Gefäße überbelastet. Das kann zu Blutungen mit schweren Schäden am Gehirn führen, oder direkt den Tod verursachen. Es wird geschätzt, dass fünf Menschen von 10.000 ein Angiom im Gehirn haben. Das Blutungsrisiko ist etwa 1-4 % pro Jahr. Angiome werden nach ihrer Größe, Lage und Art des venösen Abflusses in **fünf Grade** eingeteilt und das Risiko ist nicht gleich für Alle. Um das Blutungsrisiko zu verringern werden die zerebralen Angiome behandelt.

Drei Arten von Behandlungen sind möglich: die Endovaskulären Behandlungen (Embolisation), die gezielte Bestrahlung, und die chirurgische Exstirpationen. Die Neurochirurgie im AKH hat ohne Zweifel die längste Geschichte und größte Erfahrung in der Behandlung solcher Missbildungen in Österreich. Und ich hatte das Privileg ihrer Entwicklung zu erleben. Mein erster Lehrer, Prof. Dr. Wolfgang Koos, war der ausgezeichnete Chirurg, der das chirurgische Mikroskop in Einsatz für solche Operationen brachte.
Er förderte dazu die Verwendung und Entwicklung der endovaskulären Behandlungen, indem er die Anstrengungen von Prof. Dr. Bernd Richling, im AKH, unterstützte. Mit dieser Art von Behandlung, kann man in eine Arterie in der Leiste stechen und

mit einem Katheter bis zum Hirn eindringen, um dort solche Angiome zu verstopfen.

Die gezielte Bestrahlung solcher Missbildungen, um eine langsame Ausschaltung zu erreichen, wird hauptsächlich mit dem Gamma-Knife (Messer) gemacht. Und gerade das einzige Gerät in Österreich ist an der Neurochirurgie im AKH vorhanden.

Also, erst nach einer zweiten Blutung ihres Angioms ist Linda am richtigen Ort gelandet, wo alle Methoden für die Auswertung und Behandlung ihrer Erkrankung vorhanden waren. Man kann sich fragen, wieso ist sie nicht früher ins AKH gekommen. Die Diagnose war bekannt und ihr wurde gesagt, dass sie eine „Zeitbombe im Kopf" hatte. Wieso sollte die Zeitbombe explodieren bevor sie endlich von ihrem Hirnangiom befreit werden konnte? Sie hatte schon ca. 24 Jahre vorher eine kleine intrazerebrale Blutung und die Diagnose war gemacht. Sie blieb in regelmäßiger Kontrolle an einer neurochirurgischen Klinik in Wien. Man fragt sich dann, wieso wurde sie nie beim besten Ort vorgestellt? In Wien gibt es drei neurochirurgische Abteilungen, aber die Kommunikation ist eindeutig mangelhaft. Man trifft sich nur einmal im Jahr bei der Jahrestagung der Österreichischen Gesellschaft. Sonst bleibt der Kontakt sehr begrenzt. Man hat den Eindruck, dass jede Klinik, die anderen als Konkurrenten erlebt, und so wird selten Hilfe gesucht. Ein Systemfehler, der das Leben von Linda negativ beeinflusst hat. Aber glücklicherweise ändern sich langsam die Werte und Absichten der neuen Generationen von Neurochirurgen, und tatsächlich der Lebenswert und die Verantwortung gegenüber den Patienten, schließen zunehmend Eifersucht und Egoismus aus.

1) 8. August 2006 / Tag der Gehirnblutung

Vom Tag weiß ich nichts mehr.

Auch, dass ich dann in der Nacht meine Schwester anrief, ist weg.

Also um 0.30, 8.August rief ich meine Schwester an und da sie nicht gleich zum Telefon ging (das erzählte man mir), sprach ich auf den Anrufbeantworter und zwar: „Seid ihr noch wach?" Dann fiel ich ins Koma.

Eine neue Zeitrechnung beginnt

2) August und September 2006

Ich machte die Augen auf und sah Tageslicht.

Ich dachte mir, Tageslicht bedeutet „Action" und Action wollte ich nicht. Daraufhin machte ich die Augen sofort wieder zu und schlief weiter.

Dasselbe ereignete sich ein zweites Mal. Ob Stunden, Tage oder Wochen später, weiß ich nicht. Augen auf, Tageslicht gesehen, das bedeutet Action, Augen wieder zu.

Ich sah einige Spitalsbetten, wo und wann das war, weiß ich nicht.

Meine Familie:

Sie besuchte mich sechs Monate fast täglich im Spital.

Meine Mama, eine liebende Mutter.

Meine liebe und fürsorgliche Schwester und ihr liebevoller Lebenspartner.

Mein aufmerksamer Ehemann.

Das Glücksschwein:

Mein Mann brachte mir ein kleines Schwein mit ins Spital. Er nannte es Glücksschwein.

Ich reagierte im Tiefschlaf auf nichts und bewegte mich auch nicht. Nur auf das Glücksschwein zeigte ich eine Reaktion. Ich hielt es in der Hand und drückte es. Ich muss doch einiges mitbekommen haben.

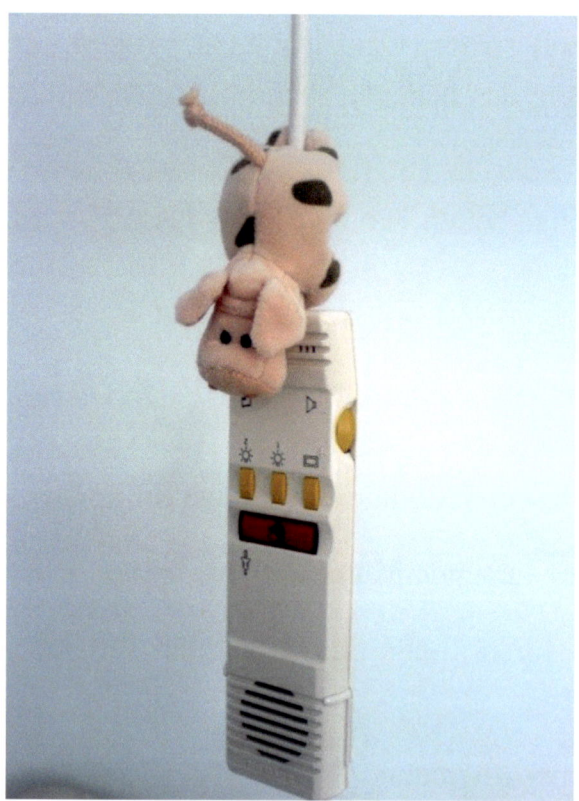

Meine Familie besuchte mich täglich im Spital, als ich im künstlichen Tiefschlaf war. Das muss ich irgendwie gespürt haben. Ich fühlte mich recht wohl, als ich aufwachte.

An das direkte Aufwachen kann ich mich nicht erinnern. Das war irgendwie schleichend.

Irgendjemand sagte mir, dass ich eine Gehirnblutung hatte. Auch das war mir egal.

Naja, hatte ich halt eine Gehirnblutung, sagte ich zu mir.

3) Oktober 2006
Spital am Rosenhügel

Damals bekam ich 13 verschiedene Medikamente pro Tag. Ich fragte nie wofür. Ich dachte, die Ärzte werden es schon wissen.

Man sagte mir, dass ich mich sehr langsam bewege. Eine Freundin meinte, es schaut aus, als wäre ich auf Drogen.

Ich merkte davon nichts. Für mich fühlte es sich normal an.

a) An der Hand von Schwestern

Ich musste, nachdem ich aufgewacht war, drei Wochen lang an der Hand von Schwestern gehen. Warum, weiß ich nicht genau. Ich hatte Gleichgewichtsstörungen und war orientierungslos. Das waren doch schon zwei triftige Gründe.

Am WC fiel ich einmal um. Von da an beobachtete man mich noch mehr. Das ewige Sitzen war mir oft schon zu viel. Ich stand auf, hielt mich am Tisch fest und stieg nur von einem Fuß auf den anderen, um mir die Füße ein bisschen zu vertreten. Als ich das tat, stürzten zwei

Schwestern auf mich zu und fragten, was ich denn da tue. Es war irgendwie nicht lustig.

Auch beim Duschen war ich nicht alleine. Ich hätte ja umfallen können.

Zu dieser Zeit hatte ich eine riesige Einlage. Anscheinend wusste man warum. Ich weiß nicht weshalb, aber ich machte mich zweimal klein an. Und einmal, man glaubt es kaum, groß. Das war am Abend und ich genierte mich, die Schwester zu rufen. Aufstehen durfte ich auch nicht. Also wickelte ich alles zusammen und legte es unters Bett. Na, das hat in der Nacht gestunken. In der Früh musste ich es dann der Schwester beichten. Sie schimpfte mit mir, weil ich es nicht schon früher gesagt hatte.

Damals war ich sehr orientierungslos. Ich fand das WC nur schwer, das nur zwei Türen entfernt war.

b) Physiotherapie bei Herrn Karrer

Da hatte ich auch schon Physiotherapie, und zwar bei Herrn Karrer.

Ich fand ihn sehr lieb und nett.

Ich wurde von jemandem abgeholt, zur Physiotherapie gebracht und auch wieder zurückgebracht. Ich war ja orientierungslos.

Später durfte ich dann alleine zurückgehen (der Weg war ja nur ein paar Minuten) und musste Herrn Karrer sofort vom Schwesternzimmer aus anrufen, dass ich gut angekommen war.

Einmal traf ich einen Herrn, mit dem ich ein bisschen plauderte.

Als ich dann zum Schwesternzimmer kam, waren alle sehr aufgeregt. Herr Karrer hatte schon angerufen, weil ich mich nicht gemeldet habe. Angeblich unterhielt ich mich 20 Minuten mit dem Herrn. Für mich spürte es sich wie fünf Minuten an. Das tat mir sehr leid, denn Herr Karrer hatte sich große Sorgen um mich gemacht.

Ich machte bei Herrn Karrer verschiedenste Hindernisläufe und fuhr oft am Hometrainer.

Wir gingen auch durch die Parkanlage. Gehen auf verschiedenen Böden (Schotter, Wiese, Beton, Erde) hat er es genannt. Für mich war es spazieren gehen mit einem netten Therapeuten. Herr Karrer schenkte mir bei einem der Spaziergänge eine Kastanie. Zur Erinnerung habe ich sie bis heute aufgehoben.

Einmal wollte er, dass ich das Biotop und den Spielplatz suche. Die beiden Plätze waren ca. 150 Meter vom Spitalsgebäude entfernt. Ich stapfte eine dreiviertel Stunde mit Herrn Karrer im Schlepptau durch den Park. Er sagte manchmal: „Da war ich noch nie."

Plötzlich zogen durch Zufall der Kinderspielplatz und das Biotop an uns vorbei. Juchhu, ich hatte beides „gefunden."

c) Frau mit Darmvirus

Später war ich in einem Zweibettzimmer mit einer älteren Frau, die einen ansteckenden Darmvirus hatte und nicht auf das allgemeine WC gehen durfte. Daher hatten wir im Zimmer ein Zimmerklo stehen.

Als sie wieder einmal an meinem Bett vorbeiging und den Stahlrahmen an meinem Bett am unteren Ende angriff, hatte ich sofort einen Fetzen in der Hand und wischte, was das Zeug hielt.

Anschließend teilte ich das Doppelzimmer mit einer jüngeren Frau, die Multiple Sklerose hatte, und mit der ich mich recht gut verstand.

Das Essen war mäßig gut, aber in Ordnung.

Eine Schwester wog mich im Dezember ab, 15 Kilos mehr. Ich glaubte es nicht.

Irgendwann in dieser Zeit merkte ich, dass ich auf der kompletten linken Seite nichts sah.

Ich kann nicht viel zu meinem Gefühl sagen, außer, dass ich mich komisch fühlte.

4) November und Dezember 2006
Rehabilitationszentrum am Rosenhügel

a) Angst

Zu dieser Zeit begann meine Angst. Ich hatte Angst während meiner Ausgänge. Ich durfte in Begleitung das Rehabilitationszentrum für ein paar Stunden verlassen. Da fürchtete ich mich vor - ich weiß nicht was. Ich hatte sogar Angst vor den Therapien, die mir gut gefielen. Ich hatte auch Angst vor dem Besuch am nächsten Tag. Es war eine unbegründete Angst. Warum sollte ich mich vor den Therapien oder vor dem Besuch fürchten? Aber es war so!

b) Die Frau, die lang fernsah

Ich teilte das Zweibettzimmer mit einer Frau, die bis in die Nacht fernsah. Und mit „bis in die Nacht" meine ich 24 Uhr bzw. 1Uhr.

Sie drehte den Ton auf sehr leise. Also steckte ich mir jeden Abend Ohropax in die Ohren und zog mir die Decke über den Kopf.

Und zum Schluss hatte ich für zwei Wochen ein Einbettzimmer.

Das war super, grandios, hervorragend.

Das Einbettzimmer

c) Therapien

Ich hatte viele Therapien. Die meisten gefielen mir.

Bei Herrn T., einem Neuropsychologen, machte ich sehr viel für meine Reaktionsfähigkeit. Zwischendurch gab es immer wieder Überprüfungen meines Reaktionsverhaltens. Ich fühlte mich gut und eher schnell. Herr T. sagte: „Sie sind unterdurchschnittlich." Ich konnte es nicht glauben, dass einem das Gefühl bei einer Krankheit so täuschen kann.

Ich spielte mit ihm auch Stadt-Land. Ich verlor immer, da mein Hirn noch sehr langsam war. Aber einmal übte ich alleine. Ich schrieb alles zu A auf, zu B usw. Das übte ich mindestens zehn Mal. Und siehe da, ich gewann!!!!!!!!!!!!!!!!

Juchhu, juchhu, juchhu!!!!

Die Physiotherapie bei Herrn H. war auch sehr gut. Der Therapeut war sehr lieb und hatte viel Gefühl. Er hat sich inzwischen selbständig gemacht und ist auch jetzt einmal im Monat mein ausgezeichneter Therapeut.

Nett waren auch Gymnastik und Wassergymnastik.

Das Fernsehen interessierte mich damals überhaupt nicht.

Im Rehabilitationszentrum gab es ganz tolles Essen: Büfett, mit zwei, drei Nachspeisen. Auch von da stammen meine vielen Kilos.

Ich möchte noch etwas über das Rehabzentrum hinzufügen.

Die Patienten hatten die verschiedensten Behinderungen. Einige saßen im Rollstuhl, andere zogen ein Bein nach. Es gab auch Leute, die eine Hand nicht verwenden konnten oder große Schwierigkeiten beim Sprechen hatten.

Wir warteten oft gemeinsam auf die Therapien und plauderten miteinander.

Obwohl wir verschieden schwer behindert waren, waren im Rehabzentrum alle gleich.

Es war schön zu spüren, dass alle Menschen gleich sind, egal, welche Behinderung sie haben.

5) Jänner 2007

a) Zweite Kopfoperation
Ich musste noch einmal ins AKH.

Nach einer Gehirnblutung schwillt das Gehirn an.

Und damit das Gehirn nicht auf den Knochen drückt, wurde mir nach der Gehirnblutung ein ca.10x10 Zentimeter großes Stück vom Schädelknochen entfernt.

Dieses Stück wurde irgendwo gekühlt aufbewahrt.

Ich sagte immer: „ Ja, zwischen dem gefrorenen Fisch und dem Tiefkühlgemüse".

Alle Ärzte sagten: „Das ist eine Routineoperation."

Aber es ist mein Kopf und da gibt es keine Routine!!!

Am Vortag der Operation kam der Arzt, der mich operieren sollte, Dr. Wolfsberger, an mein Bett. Er stellte sich vor und sagte, er würde zeitig schlafen gehen, damit er am nächsten Tag ausgeschlafen sei. Ich sollte schon um 7.30 zur Operation kommen.

Das war für mich der Satz des Jahres. Ich fürchtete mich nicht mehr vor der Operation. Ich wusste nun, ich hatte einen verantwortungsbewussten Arzt vor mir und er würde sein bestes geben. Und mehr konnte man sich nicht wünschen, als einen Arzt, der sein bestes geben wollte.

Ich kam aber dann doch erst um 9.30 zur Operation.

Ein asiatischer Krankenpfleger, der immer mit steifem Hals herumlief, kam und hängte mich an eine Infusion. Er sagte, das sei Salzwasser, damit der Körper während der Operation nicht austrocknet.

Damals glaubte ich ihm. Aber kurz nach der Operation glaubte ich das nicht mehr. Es muss etwas mit der Narkose zu tun gehabt haben. Aber dafür gibt es doch die Anästhesisten?

Also wurde ich in den Operationssaal geschoben.

Das Operationsteam stellte sich einzeln bei mir vor.

Die Anästhesistin und eine andere Frau, von der ich nicht mehr weiß, wer sie war, saßen bei meinem Kopf.

Ich sagte ihnen, dass ich mich am meisten vor der Narkose fürchtete.

Sie beruhigten mich und sagten, sie würden auf mich aufpassen.

Und plötzlich wachte ich auf.

Ich schaute auf die Wanduhr und es war, soweit ich mich erinnern kann 12.30.

Also war ich schon operiert!!!!!!!!!!!!!!!!!!!!!!! Ich freute mich riesig.

Ich hatte das Einschlafen nicht bemerkt.

Ich machte mich bemerkbar und wurde dann bald aufs Zimmer geschoben.

Von dort aus rief ich die wichtigsten Leute an und schrieb einige SMS, dass ich schon operiert sei.

Ich hatte einen Kopfverband, der sehr eng saß. Am nächsten Tag sagte ich es den Schwestern. Sie meinten, warum ich nicht schon früher gekommen sei, da der Verband viel zu eng war. Nun fühlte ich mich um einiges wohler.

Schmerzen hatte ich keine, außer ich lag direkt auf der Narbe. Aber das musste ich ja nicht. Ich war 14 Tage im Spital.

b) Kennenlernen von Dr. Ferraz-Leite

Da ich wieder im AKH war, wollte ich den Arzt, der mich bei meiner Gehirnblutung 13 Stunden lang operiert hatte, kennenlernen.

Es kam ein sehr freundlicher Arzt zu mir.

Er hieß Dr. Ferraz-Leite, setzte sich an mein Bett und sagte: „Gott hat uns zusammengeführt." Ja, wenn er damals nicht Dienst gehabt hätte, wäre ich nicht mehr am Leben.

Alle Ärzte sagten damals: „Es hat keinen Sinn mehr zu operieren, es ist schon zu spät." Er war der einzige, der sagte: „Ab in den Operationssaal, wir versuchen es." Und damit rettete er mir das Leben.

6) Ab Februar 2007 zu Hause

a) Fotofamilie

Zu Hause begann ich, mir die Fotos, der für mich wichtigsten Therapeuten und den zwei Ärzten, die mich operiert hatten, im Wohnzimmer aufzuhängen.

Ich nenne diese Personen „Meine Fotofamilie."

Hier eine kurze Beschreibung von den Ärzten und Therapeuten.

Dr. Wolfsberger, den ich schon erwähnte. Er prägte den Satz des Jahres 2007. Er sagte, er werde zeitig schlafen gehen, da ich zeitig zur Operation kommen sollte. Auch verpasste er mir eine wunderschöne Narbe.

Herr T., über den ich auch schon berichtet habe. Er übte viel mit mir für meine Reaktionsfähigkeit, mein Gedächtnis und zum Schluss für meinen Sehausfall.

Herr S. war mein Ergotherapeut.

Als ich schon zu Hause war, merkte ich, dass ich mich kaum über die Straße traute.

So empfahl man mir einen Ergotherapeuten, der mit mir das Über-die-Straße-Gehen üben sollte. Ich fand in Herrn S. einen sehr netten Ergotherapeuten. Er verstand es, mir wieder Vertrauen beim Überqueren der Straße zu geben.

Dr. Ferraz-Leite, über den ich auch schon geschrieben habe.

Er hat mir das Leben gerettet und ich bin ihm sehr dankbar dafür.

Herr H. war mein Physiotherapeut im Rehabilitationszentrum.

Er plagte sich einige Monate, mein Schultergelenk, das während des Tiefschlafes ein wenig herausgerutscht war, wieder in Ordnung zu bringen. Und er hat es letztendlich geschafft.

Herr Karrer war der erste Physiotherapeut nach meinem Tiefschlaf und hat mich wirklich von Anfang an betreut. Er hat sich, wie schon erwähnt, mit meiner damaligen Orientierungslosigkeit herumgeschlagen und war sehr geduldig mit mir.

Hier sind noch die Beschreibungen von Menschen, die in irgendeiner Weise für mich wichtig geworden sind.

Herr Gogitsch ist ein Schauspiellehrer, bei dem ich manchmal Unterricht nehme.

Er ist ein lieber und freundlicher Mensch. Er war in Bezug auf mich schon oft sehr fürsorglich.

Herr Randolf ist mein Physiotherapeut in Linz. Er hat sich um meinen Beckenschiefstand gekümmert, nachdem mich in Wien schon alle aufgegeben hatten.

Außerdem schrieb er mir während meines langen Spitalsaufenthaltes einen sehr lieben Brief. Das Tolle für mich war, dass der Brief nicht mit dem Computer, sondern mit der Hand geschrieben war.

Herr Anderl machte als Polizist in meiner Schulklasse Gewaltprävention.

Er ist auch Lebens- und Sozialberater.

Nachdem er bemerkt hatte, dass es mir nicht besonders gut ging, hat er mich seelisch ein wenig begleitet. Das ist nun viele Jahre her und die Freundschaft besteht noch immer.

b) In der Ambulanz bei Dr. Ferraz-Leite
Eines Tages im März 2007 musste ich in die Ambulanz zu Dr. Ferraz-Leite.

Was sagt man, wenn man zum Arzt kommt? „Grüß Gott" und gibt ihm dann die Hand. Aber dazu kam es nicht.

Dr. Ferraz-Leite schnappte mich und küsste mich links und rechts. Da war ich baff. Beim Verabschieden küsste er mich wieder.

Dieser Arzt ist super in seinem Beruf und ein ganz ganz lieber Mensch.

Erst vor einiger Zeit sagte mir eine Ärztin, dass das Medikament, das ich gegen Epilepsie nehmen muss, die Gewichtszunahme fördert.

Ich glaube aber auch, dass es den Appetit anregt. Ich könnte nämlich essen, essen, essen.

Und unlängst sagte mir eine Apothekerin, dass es Medikamente gibt, die das Sättigungsgefühl im Gehirn blockieren.

Ich war Volksschullehrerin. Eine Lehrerin, die die Hälfte nicht sieht, darf nicht mehr arbeiten. Deshalb wurde ich in Frühpension geschickt. Jetzt verstehe ich die Pensionisten besser, wenn sie sagen, sie haben keine Zeit. Es stimmt wirklich.

c) Herr Gogitsch hat einen Job für mich

Herr Gogitsch, mein Schauspiellehrer (von der Fotofamilie) machte mich zu seiner Assistentin, ein E-Mail hier, ein Anruf dort, eine Vertretung da. Auch so habe ich einiges zu tun.

Im Mai 2009 rief er mich an:

„Frau Martin, ich habe einen Job für Sie."

Ich dachte mir: „Aha, ein E-Mail schreiben oder irgendjemanden anrufen."

Er: „Frau Martin, Sie sind nächste Woche ein Clown."

Ich: „Wie bitte?"

Er: „Sie sind nächste Woche ein Clown und unterhalten 40 Minuten lang 23 Kinder."

Ich: „Wie bitte?"

Er: „Die Kinder sind zwischen ein und 13 Jahre alt. Sie sind dann und dann, um so und so viel Uhr, dort und dort. Rufen Sie bitte unter dieser Nummer die Frau so und so an. Auf Wiedersehen."

Da stand ich nun und hatte keine Zeit, weder muh noch mäh zu sagen.

Hätte ich Zeit gehabt, etwas zu sagen, hätte ich vor lauter Angst sicher nein gesagt.

So freute ich mich schon ein wenig und fuhr dann eben hin.

Es war in der Jedlersdorferstraße irgendwo. Mama fuhr mit und half mir tragen.

Gott sei Dank waren wir früh dran, denn den Raum zu finden, war nicht leicht.

Eine ausländische junge Frau, die dazugehörte, half uns letztendlich.

Also, es waren 23 türkische Kinder und ca. 50 türkische Erwachsene. Ein kleines Kind hatte Geburtstag und die ganze Familie kam zusammen.

Sie waren alle sehr nett und gastfreundlich.

Die Kinder waren eher brav.

Aber die Eltern!!!!!!!!!!!!!!!!!!!!!

Na, die waren laut. Es dürfte ihnen gefallen haben und sie unterhielten sich lautstark. Ich sagte immer wieder psst psst und machte bitte bitte, dann waren sie für kurze Zeit ruhig.

Ich tanzte und sang mit den Kindern. Die Lautstärke der Eltern war nicht gerade förderlich für meine Stimme. Auch hatten wir kleine Musikinstrumente, mit denen die Kinder klopfen und rasseln konnten.

Es war ein gelungener Nachmittag. Ich hatte Freude, dass es mir so gut gelungen war, den Kindern Freude zu bereiten. Es war ein großer Erfolg für mich.

Hätte mich Herr Gogitsch damals zu Wort kommen lassen, hätte ich nein gesagt und dieses Erfolgserlebnis nicht gehabt.

7) Schlussgedanken

Mein Leben ist zwar jetzt ein wenig oder, besser gesagt, sehr anders, aber ich bin zufrieden damit.

Ich habe einen Sehausfall auf der kompletten linken Seite (das Blut zerstörte etwas im Kopf, das die Netzhaut betraf). Daher muss ich auf der Straße und in anderen Bereichen sehr aufpassen.

Außerdem bin ich in Frühpension und muss mir meine arbeitsmäßigen Erfolgserlebnisse suchen. Doch es gibt sie.

Ich schrieb drei Kinderbücher. Teil 1 „Lisas kleine Welt" ist im Windsor Verlag erschienen. Teil 2 „Lisa, Papa Alfi und Schnuppi" und Teil 3 „Lisa und Lina" gibt es im BOD Verlag.

Ich möchte die Zeit im Spital und im Rehabilitationszentrum nicht missen. Ich habe viele freundliche und interessante Menschen kennengelernt. Ich muss sagen, egal ob im AKH, im Spital am Rosenhügel oder im Rehabilitationszentrum, das Personal war überall außergewöhnlich freundlich und nett.

Auch über mich habe ich viel erfahren. Was tue ich, wie fühle ich mich, wenn ich den ganzen Tag über Monate im Spital herumliege?

Wie ist es, wenn ich kurz vor einer Gehirnoperation stehe?

Es sind zwar keine notwendigen Erfahrungen, aber man kann das Beste daraus machen.

Ein Dankeschön an alle, die in den letzten Jahren für mich da waren und es noch immer sind.

Eine Frage bleibt aber offen: Warum wurde ich nicht an das Allgemeine Krankenhaus der Stadt Wien verwiesen, obwohl man doch über mein missbildetes Gefäß Bescheid wusste? Dort hätten sie alle Geräte gehabt, um eine zweite Gehirnblutung vermeiden zu können.

Das Bild heißt Hoffnung
und wurde von mir gestaltet.

Was hat man nach einem Fall zu tun?
Was die Kinder auch machen, wieder aufstehen.

Der kleine Vogel im Sturm – nichts vermag ihn zu erschrecken, weder Wind noch Regen. Er weiß, dass hinter den Wolken seine Sonne immer noch scheint.

Ich wünsche dir die Fähigkeit, kleine Dinge im Leben wahrzunehmen und dich darüber zu freuen.

Autorin:

Linda Martin wurde 1963 in Wien geboren. Obwohl ihre Eltern nicht reich waren, ermöglichten sie ihr einiges: Unterricht in Klavierspiel, Balletttanz, Geräteturnen, Volleyball und Tischtennis. Schließlich wurde sie Volksschullehrerin und Tanzpädagogin. Sie liebte diese Berufe.

Mit 42 Jahren veränderte sich ihr Leben durch eine schwere Erkrankung, die sie nur knapp überlebte. Seither hat sie einen Sehausfall auf der kompletten linken Seite. Nun konnte sie den Beruf als Volksschullehrerin nicht mehr ausüben und wurde in Frühpension geschickt.

Und in diesem, für sie neuen Leben, schrieb sie drei Kinderbücher über das Mädchen Lisa:

Band 1 „Lisas kleine Welt" (Windsor Verlag)
Band 2 „Lisa, Papa Alfi und Schnuppi" (BoD Verlag)
Band 3 „Lisa und Lina" (BoD Verlag).